ARREST DE LA COVR DES MONOYES,

Portant décry de tout cours & mise des Reaux d'Espagne de la fabrication du Perou, dont les figures sont cy empreintes : & defenses d'exposer ou receuoir les Loüis, & Escus d'or,

...s, à plus haut prix qu'il n'est ... Declaration du Roy : le tout ...eines y mentionées.

Auec l'Eualüation au marc desdites Especes décriées.

3 Decembre 1648

A PARIS,
Chez SEBASTIEN CRAMOISY, Imprimeur ordinaire du Roy, & de la Reyne Regente, & de la Cour des Monoyes.

M. DC. XLVIII.
Auec Priuilege de sa Maiesté.

ARREST
DE LA COVR
DES MONOYES,

Portant décry de tout cours & mise des Reaux d'Espagne de la fabrication du Perou, dont les figures sont cy empreintes : & defenses d'exposer ny receuoir les Loüis, & Escus d'or, & Pistoles, à plus haut prix qu'il n'est porté par Declaration du Roy : le tout sous les peines y mentionées.

Auec l'Eualüation au marc desdites Especes décriées.

3 Decembre 1648

A PARIS,
Chez SEBASTIEN CRAMOISY, Imprimeur ordinaire du Roy, & de la Reyne Regente, & de la Cour des Monoyes.

M. DC. XLVIII.

Auec Priuilege de sa Maiesté.

EXTRAIT DES REGISTRES de la Cour des Monoyes.

SVR ce que le Procureur general du Roy a remontré à la Cour, que par l'ordre étably en icelle de faire tous les ans perquisition & essay des monoyes Etrangéres qui entrent dans le Royaume, pour conoistre si elles ne sont point alterées au preiudice de la foy publique, il a esté bien reconu & iuſtifié par les procés verbaux de perquiſition & d'eſſays qui ont eſté faits depuis quatre ou cinq ans des Reaux d'Eſpagne fabriquez au Perou, qu'ils ſe trouuent beaucoup alterez de leur veritable & ancien titre : Ce qui a doné lieu à la Cour d'en faire faire de plus exactes perquiſitions & eſſays, tant dans Paris par les Conſeillers à ce comis, que dans les Prouinces par les Oficiers des Monoyes : Et par les procez verbaux qui en ont eſté faits, enſemble par les aduis des Commiſſaires de la Cour qui ont fait leurs cheuauchées dans leſdites Prouinces, le meſme defaut de titre a eſté bien verifié: Et la Cour voulant reconoiſtre ſi leſdits Reaux auoient eſté fabriquez dans les Monoyes dépendantes d'Eſpagne, & non contre-faits, elle a fait toutes les diligences poſſibles pour en auoir l'éclairciſſement entier; enfin elle a eſté bien aſſeurée, tant par les reconoiſſances de plusieurs Experts qui ont veu & viſité leſdits Reaux, que par l'Edict meſme du Roy d'Eſpagne doné à Bruxelles le deuxiéme Octobre 1647. que ledit Procureur General a repreſenté, que leſdits Reaux auoiēt eſté fabriquez dans les Monoyes de la domination d'Eſpagne, dont ſa Maieſté a eſté informée par les remonſtrãces qui luy en ont eſté faites par les Deputez de la Cour : aprés toutes leſquelles formalitez elle pouuoit proceder au décry deſdits Reaux ; neantmoins pour aucunes bonnes conſiderations elle a ſurſis audit décry. Depuis lequel temps les Etrangers en ont enuoyé plus frequemment & en plus grande quantité, & les ont alterez plus qu'auparauant, ſi bien qu'en l'année preſente ils ont enuoyé en Guyenne, Bretagne, Normandie, Prouence & Languedoc, pluſieurs nauires chargez deſdits Reaux qui ont eſté diſtribuez en autres Prouinces, & ſe trouuent plus défectueux que les autres, lesquels Reaux sont empirez du quart, du tiers, & mesmes aucuns de la moitié du veritable titre de ceux qui se fabriquoient il y a six ans, desquels ils ont payé des bleds, vins, toiles, cordages & autres marchandises qu'ils ont enleuées par ce moyen, pour beaucoup moins que leur valeur; ensemble les bones Especes du Royaume, pour les conuertir esdits Reaux alterez, au grand domage des suiets du Roy. Aucuns desquels nauires ayant esté saisis, la Cour a enuoyé des Comissaires sur les lieux pour informer & instruire les procés contre les trafiquans desdits Reaux, leurs facteurs & adherans, & en suite estre punis par elle ainsi qu'il apartiendra: tellement que le mal estant paruenu au dernier excez, il est d'autant plus necessaire d'y aporter remede, que les plaintes en sõt vniuerselles, & que si la facilité de les receuoir continuë, les Etrangers en rempliront le Royaume, ils en tireront les bones & fortes monoyes auec toutes les marchandises à vil prix, & s'enrichiront au preiudice de l'Estat; veu mesme que le Roy d'Espagne a décrié dans ses Estats tous les Reaux tant bons que mauuais, desquels il a reconu grand nombre

estre

eſtre falſifiez & altérez, & à cauſe de l'inégalité de leur titre & de leur poids ne les ayant pû eualuër à iuſte prix, il a ordoné que tous ſeroiẽt portez & fondus dans ſes Monoyes. C'eſt pourquoy ledit Procureur General requiert pour ſa Maieſté y eſtre pourueu auec telle conſideration, que les particuliers en reçoiuent le moins de perte & d'incomodité qu'il ſe poura, en defendant le cours des mauuais & altérez ſeulement, & en les diſtinguant d'auec les bons qui auront cours comme deuant, réglant auſſi le prix que les Changeurs & Maiſtres des Monoyes doneront du marc & de ſes diminutions, & prescriuant les ordres en tel cas requis & acoutumez: mesmes estre ordoné que les defenses concernans le surhaussement des Especes d'or & d'argent seront renouuelées. VEV les procés verbaux de perquisitions d'essays, raports d'Experts, & reconoissances desdits Reaux du Perou, faits à Paris de l'ordre de ladite Cour, des 18. 20. 21. 22. & 27. Iuin, 8. Iuillet, 1. Aoust, & 17. Decembre 1644. Arrest de la Cour du 14. Ianuier 1645. Remontrances faites à sa Maiesté par les Députez de ladite Cour le 16. dudit mois en executiõ dudit Arrest: Autres procés verbaux faits à

Paris de l'ordonance de la Cour des 2. 4. 7. 11. 12. & 18. Ianuier 1647. Procés verbaux des Oficiers des Monoyes de Roüen, saint Lo, Aix, Bayone, Rénes, Nantes, & autres des 1. Iuillet 1643. 12. Nouembre, & 10. Decembre 1644. 19. Iuillet 1646. 18. Auril, 7. 8. 12. & 13. Iuin, 3. 9. 24. 27. & 30. Iuillet 1647. & 28. Iuillet 1648. Autres procés verbaux faits par l'vn des Comissaires de ladite Cour faisant sa cheuauchée à Roüen, & à saint Lo, des 16. & 23. Nouembre derniers : ensemble l'Edit ou Placart du Roy d'Espagne, signé, Par le Roy en son Conseil, VERREYKEN, doné à Bruxelles le 2.

Octobre 1647. Oüy le raport des Comiſſaires à ce députez, la matiere miſe en deliberation, tout conſideré : LA COVR faiſant droit ſur le réquiſitoire dudit Procureur General, pour la défectuoſité trouuée au titre des Reaux d'Eſpagne tant anciens que nouueaux fabriquez au Perou, dont les empreintes ſont cy-deſſous figurées, & qui ſont diférens des autres Reaux fabriquez ſous les autres coins d'Eſpagne, en ce que quelques-vns deſdits Reaux du Perou ont à coſté de l'écuſſon vn P ſeul, & quelques autres ont vn PB, PR, PT, PQ, ou quelqu'autre lettre au deſſous dudit P, & des deux costez tant de la croix que dudit écusson, des grains ronds en forme de chapelet entre la legende & ledit écusson, & entre la legende & les cercles qui enferment ladite croix : A décrié & décrie de tout cours & mise lesdits Reaux du Perou : Ordonne qu'ils seront portez és Hostels des Monoyes & chez les Changeurs, pour estre fondus, afinez & conuertis en Especes aux coins & armes de sa Maiesté , & le prix d'iceux rendu suiuant l'éualuation qui en sera faite par la Cour inserée à la fin du present Arrest ; si mieux n'aymēt les particuliers qui porteront lesdits Reaux esdites Monoyes, les faire fondre en leur presence, & aprés l'essay d'iceux par les Essayeurs en presence des Oficiers d'icelles, & sans frais en receuoir la iuste valeur: N'entendant ladite Cour comprendre audit décry les Reaux de Mexique marquez d'vne croix finie en fleuron ou bourdon, quoy qu'elles portent vne forme de grenetis entre la legende & les cercles qui enferment aussi ladite croix. Fait ladite Cour defenses à toutes persones de quelque qualité & condition qu'elles soient, d'exposer ny receuoir aucuns desdits Reaux du Perou, à peine de confiscation d'iceux, de cinq cens liures d'amende pour la premiere fois, & de punition corporelle pour la ſeconde. Ordone que les autres Reaux d'Eſpagne auront cours comme cy-deuant pour leur prix ordinaire, ſuiuant les Declarations de ſa Maieſté, Arreſts & Reglemens de ladite Cour, iuſques à ce qu'autrement en ait eſté ordoné : faiſant defenſes de les refuſer ſous les meſmes peines. A auſſi fait & fait defenſes d'expoſer ny receuoir les Loüis, Eſcus d'or, Piſtoles, & autres Eſpeces tant de France qu'étrangéres à plus haut prix que celuy porté par les dernieres Declarations & Arreſts, ſous les peines y contenuës: Enioint aux Generaux Prouinciaux, Iuges Gardes, & autres Oficiers des Monoyes, chacun à leur égard, & aux Préuosts, Baillifs, Sénéchaux & autres Iuges Royaux de ce Royaume, de tenir la main à l'éxecut on du present Arrest : Or lone qu'à la requeste dudit Procureur General & de ses Substituts dans les Prouinces, il sera incessamment informé desdites contrauentions, & que les procés seront faits & parfaits à ceux qui ont introduit & fauorisé l'aport desdits Reaux, les ont exposé, en ont trafiqué & negotié; & qui ont exposé, & receu lesdites Especes d'or & d'ard'argent à plus haut prix qu'il n'eſt porté par leſdites Declarations & Arreſts, pour eſtre les coupables punis ſuiuant la rigueur des Ordonances. Et à ce qu'aucun n'en prétende cauſe d'ignorance, que le préſent Arreſt ſera leu, publié & afiché és lieux publics de cette Ville, & en tous les lieux de l'obeiſſance de ſa Maieſté, à la diligence dudit Procureur General & de ſeſdits Subſtituts qui certifieront la Cour de leurs diligences au mois. FAIT en la Cour des Monoyes les Semeſtres aſſemblez, le troiſiéme iour de Décembre mil ſix cens quarante-huit.

Signé, DELAISTRE.

ENSVIVENT LES FIGVRES des Reaux décriez par le présent Arrest; Ensemble l'Eualuation desdites Espéces au marc, & le prix qui en sera doné par les Maistres des Monoyes, & Changeurs de ce Royaume.

SPANIARVM·REX
PHILIPPVS·II·DEI·GRATIA
P
VIII

REX·INDIARVM

PHILIPPVS·D·G·HISPANIARVM
P
VIII

REX · INDIARVM
D·G·HISPANIARVM
P R
REX · INDIARVM
D·G·HISPANIARVM
P T

EVALVATION AV MARC des Reaux d'Espagne de la fabrication du Perou décriez & désignez par l'Arrest cy-dessus, & dont les figures sont icy empreintes: auec le prix qui en sera doné par les Maistres des Monoyes & Changeurs de ce Royaume; tous dechets de fonte, frais d'afinage, & droits de change déduits & rabatus.

Suiuant la réduction qui en a esté faite en ladite Cour, aprés auoir procédé incessamment aux instructions & calculs faits depuis ledit Arrest iusques au 19. du présent mois de Decembre, pour paruenir à la conoissance exacte du pied comun qu'on pouuoit tirer de la diuersité du titre desdites Espéces defectueuses, sur les raports des essays cy-deuant faits par l'ordre de ladite Cour des fontes desdits Reaux de toutes les diferentes fabrications dudit Perou, & autres nouueaux essays d'iceux.

SCAVOIR

Pour le Marc, vingt-deux liures treize sols deux deniers.

Pour l'Once, deux liures seize sols sept deniers.

Pour le Gros, sept sols vn denier.

Pour le Denier, deux sols quatre deniers.

Pour le Grain, vn denier.

www.ingramcontent.com/pod-product-compliance
Lightning Source LLC
LaVergne TN
LVHW010014230826
846092LV00002B/819

* 9 7 8 2 3 2 9 6 3 9 3 2 1 *